WAR

CCS
CAROLINE COSTA E SILVA

WAR

1ª edição: São Paulo, 2020
LARANJA ● ORIGINAL

AGRADECIMENTOS

Agradeço a meu mestre Rubens Espírito Santo e sua interminável fé na vida

AGRADECIMENTOS

Agradeço infinitamente à minha família e
seu apoio incondicional

AGRADECIMENTOS

Agradeço a todos os membros do Atelier do Centro por não desistirem de remar

AGRADECIMENTOS

E agradeço ao editor Filipe Moreau

Não sei como explicar, mas certamente que tu e todos têm a noção de que existe, ou deveria existir, um outro eu para além de nós próprios. Para que serviria eu ter sido criada, se apenas me resumisse a isto?

Emily Brontë, *O morro dos ventos uivantes*

1

AUSÊNCIA

A luz amistosa que vem da janela
daquela lua que quase some
sozinha ainda não é tão bela
quanto a luz que vinha
do quarto dela –
enquanto baixinho
chamava meu nome

Hoje da luz só vejo seu rastro
porém não sei qual sua fonte;
ela foge de mim quando amiúde
eu penso que ela vem de um astro

Então eu procuro –
sabendo que não basta
desisto de querer achar
e tento inventar
algo que rebata luz –
estou em atraso com ela
a luz que vinha era da saia dela
que hoje é cúpula do meu abajur

Sei que não possuo linha
que saiba costurar o vento
como fazia a teia de sua voz –
vou amarrar o conceito atroz
da estranha e familiar ausência
e verei que a muda voz
me enganou –
ela é muda de hortênsia!

A rua anoiteceu
na chuva de dia
como se fosse a lua
a ditar sua aparência

Os faróis acesos
deitados no asfalto existiam
anunciam algo
maior que sua presença –
eles queriam só se dizer

O que continua a me assolar
não é como engolir o anúncio;
mas cuspir de volta
seu eterno enunciado
feito de resistente movimento
serpenteado de luz
no asfalto molhado

Desculpe-me a interrupção –
eu não sei por que
qualquer ausência
pode ser compreendida
verdadeiramente como
qualquer ausência –
se tantas coisas –
no presente –
estão também –
enormemente
ausentes

TODOS OS DIAS: PARA O MESTRE

Para Rubens Espírito Santo

Todos os dias
você me lembra
como estou
desesperadamente necessitada –
inclusive pela minha negligência de
nem sempre me lembrar
de que porra preciso tanto –
e talvez só precise lembrar que
não preciso de tantas coisas assim

Todos os dias
você me lembra
de dizer bom dia
aos meus demônios –
não conheço todos mas –
(não importa o que eu queira) –
eles não têm tantas novidades assim

Todos os dias
você me lembra
que estes ignóbeis poemas
não são sementes
mas cereais matinais
feitos de mentiras cuja data de
validade já passou
precisam ser jogadas fora –
como quando se tira
o lixo ao fim do dia –

diferente do que
se pode acreditar –
talvez eu não tenha tantas
sementes assim

Todos os dias
você me lembra
que não há tanta diferença assim
entre estar feliz ou triste –
ainda são o mesmo estado
usando roupas de diferentes cores
e para diferi-los tenho de mudar
o que está dentro deles –
nem que eu use
um uniforme azul
deliberadamente comum

Todos os dias
você me lembra
da distância grande
entre minha cabeça e meus pés –
Não consigo acreditar –
eles são tão gelados –
se eu pudesse ao menos
esquentá-los
sem me mexer e esquentá-los –
como sua sombra é quente –
e igualmente
lentamente
mover minha cabeça
e esfriá-la –
esfriá-la mesmo

Todos os dias
você me olha
como se estivesse
do topo de uma Montanha –
se eu pudesse
forrar minha cama com um lençol
costurado de pedaços de céu
eu iria subir em cima dela
e talvez ver
o que você está vendo
mas não dá – não é assim

Todos os dias
você me olha
com um olhar de sombras
da cor de tudo que dá medo:
da cor do mar devorador –
da cor do céu em tempestade –
da cor da noite sorrateira –
rastejante que se enrola
nas cortinas das janelas e
fala baixo:
vem e não volte.

Será que um dia poderei entender que
você é aquilo que está na expressão
todos os dias
aquilo que não se oprime mesmo
quando se põe debaixo
da asa de um
pássaro faminto
aquilo que não se oprime mesmo

quando está morando na calçada
aquilo que não se oprime mesmo
quando é um imperador
aquilo que não deixa ser encapsulado por
um grito entalado –
mas enlata o grito
aquilo que sabe que Esperança é uma mu-
lher que anda numa rua sem saída e que
não conhece muitas ruas mas seus pés
estão quentes e sempre em movimento –
ela não para de andar –
sem cansaço –
à procura de um motor –
que não é só seu:
ela esqueceu seu nome

UM LIVRO

Em cima da mesa há um livro –
ainda assim
– como se fosse mestre –
ele não está disponível
e só vai estar
por quem abrir a porta
da disponibilidade.

Quando você abrir a porta
e ver a linguagem do tamanho
de uma represa
que confina toneladas de água –
e que entrarão sem lei –
em estado de águia vigilante
você perceberá que antes –
em vez de você –
era o tapete que se movia
embaixo de seus pés –
você não percebia –
por ter se acostumado
a estar embaixo d'água –
mas agora vai dar para tirar
seus dedos de cima dele –
– são só dedos –
mas agem como colunas pétreas
a julgar as palavras móveis –
mesmo assim você não sai correndo
mas se move sem sair do lugar –
não tenta secar o quarto inundado –
nem os olhos submersos

em palavras –
mas estica os pés para pegar ar –
e começar a ronda noturna de estrelas

Quem abre a porta do quarto
e deixa a aguaceira vir
não é o livro
mas é você –
ao abrir você –
que não mais sobrevoa a paisagem
mas percorre suas curvas
e é por elas comandado –
recolhido em páginas –
diz que se você
não ler –
mas olhar –
e se mover lentamente –
sem objetivo –
pode levantar a cabeça
mesmo que seja por baixo
da água
e respirar

Seus olhos baixos –
eu não sabia onde iam
você saía do quarto
enquanto sua boca
permanecia
silenciosa e parada
na minha boca aflita

Seus olhos baixos –
eu não sabia onde iam
seu pé em cima do sofá
eu não sabia onde ia

Onde meu próprio pé iria?
procurar seus olhos
ou os meus

Não saberia dizer
ainda hoje
acho que só no dia
que eu perceber
que seus olhos não iam
a lugar algum

Formidável angústia –
se ela não morasse
também nos seus olhos
que insistem em baixar
eles não teriam
encontrado os meus –
que inclusive
eu ainda não
cessei de procurar

Na cadeira vermelha
você se inquietava
se perguntava
me perguntava
sobre as coisas
sobre arte
sobre tudo

Sobretudo
você continuava
na cadeira vermelha

NÃO TANTO QUANTO

Está escuro –
mas debaixo da mesa
há uma vela que queima –
só para você –
não tanto quanto você –
se não olhasse para tão alto
veria que ela ilumina o chão –
e a sujeira dos sapatos
que você trouxe da rua

O ar do quarto insinua –
algo vai sufocar –
mas ainda não é você –
é a vela tentando respirar –
tanto quanto você –
há vida que você não vê –
apesar dela acender e apagar
tão rápido quanto o pescoço de uma
pomba –
não há nada de anormal –
estou com trinta e seis graus

Antes de entrar
pelo menos tire as almofadas
de dentro dos bolsos da sua calça
porque elas parecem pesar tanto
só parecem – não pesam –
não tanto quanto você –
são maiores do que
você pensa ser

Por favor não diga
que a culpa é da costureira
não foi ela que emendou
tantas ideias sobre você
você fez isso –
mas não tanto
quanto você faria
se fosse realmente
uma costureira
dessas que amam fazer
um vestido de batizado

(mas se você
(soubesse costurar
(esse seu buraco
(que grita tanto
(aí você se tornaria
(mesmo uma costureira

Troca as almofadas
pelo pó acumulado no teu casaco
e no teu coração –
ele pode cair mas não vai
se você não o despedir
da tarefa de te calar –
pode ser que embaixo da poeira
algo voe
tão rápido quanto o pescoço de uma pomba
mas não tanto quanto você
pensa andar
nem tão devagar –
para que não possa capturar –
não tanto quanto você
é ainda sua própria captura
mas talvez como a
tão demorada e fixa
escondida e à mostra
luz se insinua

A disposição torta e confusa
das linhas da sua sobrancelha
atrapalhada pelo sol quente
ou por algum pensamento pesado –
poderiam ser feios mas
são uma desculpa
não para eu escrever sobre você
mas em você
e transformar o vivo em vivo
o mim em você
isso não aceita nome nenhum
você – não o seu reflexo –
é tão crepitante quanto a
chama da vela é
ela não é reta
ela não é certa
ela não é exatamente magra
ela não fala correto
ela dorme cedo
aposto que ela não sabe direito o que ela
mesma é –
ela não saberia dar
uma palestra sobre ela
ela é só uma chama
que não cabe no seu bolso
não tanto quanto você

VERDE MUSGO

Enquanto a noite destripa
os diferentes tons de verde
nos degraus da escada
eles decidem
– como um exército
lutando pela nação errada –
recuar, desmanchados
numa alegria disfarçada de si
que de si não difere em nada

Os diferentes tons de verde
mesmo estripados pela noite
continuam com a decisão
que provocou seu açoite:
sua eterna diferenciação

E amontoados sob a escada
antes de mais nada, dizem em coro:
não tenha sua vida abreviada

Putativo –
o que é isso?
Por que me importo
com significados
de palavras que não sei –
mesmo sabendo –
continuo não sabendo
o que ela é para mim

Só o sei na hora em que
ela entrar pela narina
cessando respiração –
fisgando meus olhos –
furando-os –
pingando
até o pescoço –
vejo nada mais
além de sentido
exceto aquele
que vim seguir

Neste ônibus –
absolutamente sem sentido –
tem uma placa que diz
que ele segue sentido
centro da cidade

Nas palavras do amigo –
não há paredes
entre verdade e mentira;
ao contrário –
há uma passagem
para passear nelas –
sem qualquer paragem,
ondear nelas –
sem precisão
ou vontade do fim

Mesmo quando uma onda
é maior que a outra –
também entre essas
não há paragem

Sem saber definição de amigo –
sei que ele habita
onde lhe disseram
que ali não pode

E ele habitou ali
mesmo rápido –
só para pôr
a poeira em circulação

BURACOS AUMENTAM UM LIMITE

Não posso esquecer que
o céu é tão lúcido
quanto eu gostaria de ser;
não sendo lúcida o suficiente,
eu me esqueço
e caio em desgraça

Não posso esquecer –
eu não posso alcançar o céu
mas consigo alcançar
a profundidade de um buraco
muito fundo
do tamanho do meu braço
ou mesmo maior
meu braço pode virar três
se eu amarrá-lo em outros
pode ser mais braços –
podem ser pernas de girafa
Todas essas coisas existem
e pisam muito bem na terra

Somos letras sem serifa
não há nada tão visível
que nos una uns aos outros
a não ser a vontade que uns têm
de alcançar o céu –
já outros,
o mais fundo buraco embaixo do pé
a diferença é que estes tentam

se abaixar
mais e mais –
construir uma serifa que os
ligue ao buraco
ou a uma perna de girafa
ou a um braço que seja três –
enquanto aqueles
por acharem que o céu é
alto demais
se limitam em admirá-lo

Além disso, muitas
coisas acontecem
num buraco que não se deixa ver
por inteiro direito
se porventura algo cai nele
ele cospe de volta
assim como o mar cospe ondas
que borrifam em nossos pés
e caímos sem saber por que

Se o buraco quiser
pode engolir alguém desavisado
e ser uma cova
para um morto de pé
que não queria ser enterrado
e de seu fúnebre suor
nascerão flores amarelas
desavisadas de tudo também

O buraco não é um poliedro
mas tem diversos lados –

ele pode ser visto como infortúnio
ou desgraça
mas também como um dado
que estando ali por acaso
nos é regularmente dado:
costumeiro e sutil presente –
numa festa de terra
inaugura novo chão temporário
que nos ensina a andar –
graça que, por não ter hábitos
em sua definição perdeu o *des*
mantendo infinita a graça
sem horário para acabar

2

PALAVRA QUE DORME

Essa semana
eu não pude
escrever poemas –
ou não quis acordar –
atrapalhar as palavras
em casulos –
escondidas –
em trepadeiras –
na minha janela –
prestes a nascer
se caíssem lá do alto –
eu não pude acordá-las
porque estava fazendo
barulho demais

Mesmo tendo comprado
um girassol –
minha cabeça
continuava a pesar –
queria ter comprado
uma passagem para o silêncio –
mas sem que com isso
houvesse algum pesar

DÚVIDA

Será que a perdição
pode me levar
pra algum lugar
que não seja perdido?

Uma coisa me dói –
não é sofrimento –
mas renúncia –
o saber de agora
ter de viver –
mesmo sem saber
o que isso significa –
não há escolha –
mesmo sem saber
quais seriam –
eu as faria se
não houvesse obrigação –
sinônimo de estar mais viva
do que dormindo –
mesmo que agora
eu só queira
deitar e dormir –

Como –
quando –
por que –
passarei a me tornar pessoa
e deixar de ser apenas habitada
por tantas e inúmeras pessoas?

Como –
quando –
por que –
hei de aguentar a solidão
de ter a inquietante presença
de tantas pessoas?

A cada semana,
pego o ônibus tendo
um membro do corpo
com uma área maior
de carne viva
do que tinha
na semana anterior

Quando meu olho sangra
de ver o brilho dos transeuntes
– árvores ou pessoas –
na rua –
ele se concentra no asfalto
arredio sob as rodas do ônibus
não obstante –
cinza sobre cinza –
supostamente
menos agitados que as outras cores
não deixam de fazê-lo sangrar

Eu gosto de chegar ao trabalho
exatamente quarenta
ou vinte minutos antes
É um horário secreto –
um dia dentro
do dia por vir –
começa e acaba
e dura exatamente
quarenta ou vinte minutos
antes que o farfalhar de
todas as coisas
comece a surgir

Na hora de ir embora –
levo a bolsa
pendurada no coração
para ficar menos pesada
Na esquina – tiro dela
um pedaço de pão
– queijo branco e um fio de mel

Passo por pessoas e catracas
Até chegar na estação de trem –
onde tem um sol
que não me espera –
ainda assim está lá –
exuberante ou escondido
por prédios
não importa muito –
ele é igual e não quer nada

É domingo
e eu ouço o som
de alfaces
sendo cortados
e o de cobertas
sendo remexidas.

Esses –
e tantos outros –
por mais que finjam
ser os únicos,
não o são.

Há mais tantos outros
vindos de vozes –
finjo não conhecer –
moram em meus braços
e sublocam o apartamento
quando precisam de dinheiro
– mas não vão embora –
porque eles precisam mesmo,
além de beber muita água,
– e eu não entendo bem por que –
continuar morando
em meus braços

Quando a noite finalmente
não tiver mais nenhum
som vívido demais
eu vou mergulhar
num gole de água
e trepidamente
ficar em pé,
– apenas e para sempre –
na ponta dos pés,
insistentemente,
na ponta dos pés.

Até ficar do tamanho
do copo,
e ter o exato
volume
de todo líquido
que ele já viu

Se não tiveres
beleza,
rouba aquela
que tem uma
caixa de correio
aberta de um lado
e fechada de outro
embaixo do sol
para sempre –
durante dias
e noites

3

MANHÃ ESCURA

Mesmo proibido por lei,
tem dias que o sol esposa a noite
– secretamente –
ou que a manhã tardia
recebe de presente
o sereno da madrugada,
– junto com seu breu –
nesses dias, palavras e pessoas
chegam silenciosamente
– sem causar aparente alarde –
mesmo causando –
acendem a luz –
interrompem a manhã
rara e escura –
denunciam a traição dos astros –
fazendo a lei dos homens perdurar –
e impedindo sua dor de nascer

A sombra de um poste
se locomove mais
que ele mesmo;
espero ver
ele mesmo
andar

Quando a árvore
quer andar
ela não pede
licença

Tem dias que o som
mais alto que se faz
é aquele do vento
ferindo a ordem
de uma disposição
feliz das folhas
das árvores
ordenando sua
mais clara definição –
a de que elas não têm
outro lugar
senão aquele
do qual elas irão
sem reservas
cair

Diante de um sol –
brilha sem hesitar –
de águas que sem saber
vão sempre ondear –
de folhas minuciosamente
crescendo todos os dias –
não há como não
se sentir pequena
e ver que nisso
não há problema
ou qualquer desproporção –
pois, mesmo com relação
à mais minúscula flor
ainda assim não sou maior
nem maior é minha dor
de não ser como
esta ou aquela flor

PONTAS DO CÉU

Que bom que todas
as pontas do céu –
juntas – insistem
em assim permanecer –
e não serem levadas
com as divisões feitas
pelos traços dos fios
de postes de luz –
muitos deles –
quebrados

Quando eu era criança
morava numa descida
ou até numa subida.

Quando chovia e trovejava
um homem, rua acima
vinha empurrando uma grande pedra
que fazia o barulho do trovão.

Hoje, eu não moro numa descida
nem numa subida

O som do trovão,
ainda existe porém

E o homem
empurrando a pedra
também

A cor do batom
das crianças
meninas
normalmente
não existe
em outros lugares

Como existe porém
tão plenamente
em suas bocas?

Como uma cor que
não encontrou sítio melhor –
depositou-se ali por inteiro

Ou até uma borboleta –
ao esquecer de voar
pousou num
jardim móvel
em miniatura

O lugar para o qual
elas olham
parece não existir
mas elas se contentam
– são contentes –
em olhar algo
tão inexistente

Hoje
um cego
me perguntou
o que eu estava lendo

Ele disse que
revisava
gramaticalmente
os textos sem pontuação
de sua mulher que,
num jorro
diferente
a cada dia –
escrevia

Pés de cadeiras
às vezes andam mais
que os das pessoas

voz aguda –
obstáculo

limitação –
meu pé
é de cadeira

Na catraca
do ônibus
ela repousou
o cotovelo

Descansou o rosto
sobre a mão
eternamente
enquanto esperava

O cobrador
contar as moedas
e lhe dar
seu troco

No meio do dia, às quatro da tarde,
fui até a praça e deitei num
banco de concreto
mesmo sem saber se podia

Olhei obliquamente
a escassa árvore tímida
mesmo sem saber se assim ela o queria

Decidi não pensar em mais nada
mesmo sabendo que
isso era tudo o que eu temia

e que, talvez, às quatro da tarde
de uma quarta feira no meio do dia
isso era tudo que não podia

Reivindicando ser tão limpa
como o céu
dissolvendo-me em covardia
com insistência eu pedia

que eu não mais encontrasse
ensopada de euforia –
qualquer vestígio de poesia

Será que, ao parar de achar que nada podia,
conseguiria, com isso, não mais separar
o que é do que não é poesia?

4

ISIDORO E O SUBMARINO ULTRAMAR

Tem dias que Isidoro mede
trinta centímetros
e tem dias que ele é
multiplicado por dez;
diferentes alturas lhe são
concedidas temporariamente – assim
ele pode levar consigo
uma caixa em miniatura
do universo
de toda sua procedência

Isidoro não sabe o que fazer –
sentado em sua própria sombra
pergunta-se como irá alimentar
as pequeninas pessoas que
carrega
em sua exígua maleta universal –
afinal ele não sabe cozinhar
muito mais do que omeletes e ma-
carrão –
Isidoro não se vê importante
para que o universo que carrega tão
regularmente
possa girar – mesmo que ele seja um
minúsculo
e imóvel submarino ultramar

Agora que Isidoro tornou-se
mais móvel que seu submarino horizontal –
dias que se limitam
a ser apenas
períodos temporais prontos
para começar e findar num dia
não são mais suficientes
como medidores de tempo –
devem ser rasgados como todos aqueles
diários que também não eram
suficientes
como medidores daquilo que ele achava
serem fragmentos vitais

Ele opera numa espécie
de clandestinidade de si
e de tudo que nasce,
para que o resto continue vivo
e não pereça como ele
e tantas outras partes em si
perecíveis por definição

Isidoro – como um carvalho
à margem de um rio
o contempla sem considerar
seu perigo –
rouba energia do motor
de ignição
e confunde seu braço
Isidoro dizia que seu andar
era algo que pudesse
– como ondas –

se despedaçar;
era supérfluo em favor
do que é dito ao seu redor

Com braços e pernas frouxos
– como membros de uma seita sem líder –
Isidoro entra em sua maleta
que contém o outro lado do mar –
ansioso pela tão esperada
comunicação
com a marítima população
que poderia atingir se pudesse
– embaixo d'água –
segurar sua respiração –
tocar com as mãos
o céu de algodão –
como se fosse concebido
como continuação
das fossas abissais
Isidoro – diminuto – mergulha
sem saber nadar

Parte II

Isidoro entendeu
que o motor não era seu
assim como seu corpo
– seu braço que chamou de frouxo –
que não podia acabar
o expediente
antes do meio dia –
que não podia

reduzir a morte
ao seu fim
mas que seu quase-fim
era requisitado
para sua peregrinação
no minúsculo e imóvel
submarino ultramar

(a única possível
(solução
(seu desmaio
(sua insolente
(espontaneidade
(em achar que seu
(nome é Isidoro

A TEMPESTADE DE EMANUEL

Emanuel não sabe o que fazer
quando seus pés encontram
um chão molhado
da tempestade de ontem

Andar sob a outra pele porém
torna leve a caminhada difícil –
quando a tempestade
e o brilho do sol
se juntam numa rabiola de pipa
levam Emanuel descalço
num passeio matutino –
seus pés que agora voam
– inteligentes artificialmente –
levam-no para se inserir
no principal quarto de sua vida –
grande ou pequeno
é perfeito

Ele não precisa levar casaco
essa pele é tão grossa
quanto a de um vira lata –

Ele não precisa levar faca
lá ele lapida um vale
e abre um rio
no meio de sua alma
com seus dedos –

Ele não precisa levar lenços
pois não vai chorar quando ver
o comboio de carga
levar seus sonhos –
ele é o maquinista dessa terra
cuja maldição local é nunca ir embora

Ele pode ver o mar do norte
sobre a pele grossa
– máscara da sorte –
à luz do dia ele desiste
de brindar a morte
e decide que não precisa
nunca mais descansar
seus cansados pés –
agora molhados
anunciam:
Emanuel é mulher

COQUEOLINA

Todo fim da tarde
ela se encontrava com o mar –
os apelos de seus ventos
eram pontuais

Com sua saia de chumbo
milagrosamente
ela voava pelas ruas
e alarve rumava ao mar

Ninguém entendia
porque ela ia só quando
escurecia
alguns achavam que
ela se escondia
quando na verdade era ali que vivia

Mesmo quando chorava
dizia não estar realmente infeliz –
suas lágrimas eram só pedaços
de uma verdade oculta
que só uma interrogação
conduzida pelo mar
faria aparecer:
elas se uniriam de volta a ele
como peças de quebra cabeça

Quando seu corpo jorrava seu
sangue alienado
sua dor lançava-a para cima

afastando-a de uma visão
plana de si
fazendo-a ver a imagem que tudo gera –
até mesmo ela
sua atual situação de imagem paralela
denunciava a falta de
imaginação
não como descoberta do que não há
mas de tudo que
indiscriminadamente há.

Agigantada pelo vento
a onda nela quebrava
sua obstinação de se dispersar
no pensamento da água
era maior que a confusão gerada
quando ela não se manifestava

E enquanto toda a espuma
daquela vibrante onda
enchia todo o fundo de teu
estômago
ela não mais conjecturava
quem seria
se não tivesse
uma saia de chumbo
que mesmo parecendo leve
contrasta com suas pernas de spagueti
e conduz sua moleza até a praia
Assim que a água
ultrapassava seus ombros
e ela perdia o chão

sua saia a puxava
para o fundo do mar
ela só subia quando as ondas
a levassem na ressaca do dia seguinte

Coqueolina foi invadida –
em seu corpo morava outro –
areia a se revolver
sobre areia –
e por isso passava todas as
noites de sua vida
embaixo do mar:
enquanto seu corpo produzia
aquilo que faria parte
de um colar de pérolas
de uma vitrine qualquer

O que lhe interessava
não era exatamente a
virtuosidade brilhante da pérola
mas o destino errante
daquele corpo estranho
que morava no seu

OS CORPOS DE PORCELINA

Porcelina está andando
há mais de quarenta minutos
e muitos dias
no banheiro de sua casa –
ela cutuca o céu
de sua boca
com a escova de dentes

Rainha de toalete –
seu corpo cheio de amor
já evaporou –
ele tinha muito álcool

Seu destino –
a torneira da pia –
é escuro e curvo demais
para atravessá-lo sozinho –
você vai conseguir
quando sua chuva
começar a cair
e for maior
que o jorro de água
que cai da torneira

Os escritos que você jogou fora
em torno das flores secas
andam de mãos dadas
com números quebrados
pelos caminhos subterrâneos

da cidade
fabricando gazes –
você não sabe –
mas foram eles que
coagularam os machucados
dos seus joelhos esfolados
que agora você tem de tirar
para livrar a circulação de sangue
e ajoelhar caso precise –
e você vai precisar

Porcelina –
seu corpo se quebra
mais vezes que seus sonhos –

Porcelina –
tem sete corpos febris
um para cada dia da semana
se um quebra ela põe cola
e enquanto espera secar
veste o da terça feira –

Porcelina se debate
com sua condição
e por isso um dia
comprou uma luva de concreto
para impedir que
os choques externos
quebrassem tanto sua mão

Porcelina anda tanto
mas não entende que seus passos
não são como seus gritos
emitidos no vazio do banheiro –
mas sim elementos moventes
que ressoam nas noites
de uma equação desconhecida
escrita há muito tempo –
cujo resultado você não vê
pois não sabe o que tem atrás
do seu pequeno e ordinário
espelho de banheiro –
você pode quebrar pra ver –
o espelho e sua mão

Porcelina –
quando você sair à rua
com um corpo quebrado –
e os seres da calçada
e as folhas das árvores
entrarem mais pelas frestas
(as que substituem suas veias)
do que saírem coisas delas –
até que todos os seres
– os seus e os da rua –
se reproduzam
e nasçam flores
aquáticas habitantes
de seu corpo de lagoa
em cacos –
finalmente você vai estar inteira

CHARLOTE E SEU CASACO DE PELE

Todas as manhãs Charlote
bebia água morna
e vestia apenas um casaco
de penas de avestruz
no calor ela não usava nada por baixo
e no frio ele a esquentava bem

Ainda de manhã ela assistia
pela janela as flores
se inclinando sob o vento
e desejava que seu corpo
fosse ou soubesse fazer
umas curvas daquelas também

O que ela mais gostava –
era do vento tocando seu corpo
sem encostar nele
Quando ela via os dois –
flor e vento dançando –
tinha certeza de que nunca
havia amado alguém

Ela não conseguia acreditar
em nada que levasse mais tempo
do que se leva para ler essa linha –
ou que durasse menos
do que a decisão exigida pelo paradoxo
que surgia quando o segurança
parado na porta dizia:

você não pode entrar
com este casaco, moça
você também não pode entrar nua

Ela só tinha aquele casaco
mas pensando melhor
ela não iria cambalear muito
caso o jogasse fora
e se vestisse com seus ossos
e engolisse a própria pele –
quem sabe assim
seria mais fácil se curvar
como a flor da manhã sob o vento
que bate agora em seus ossos
e não os faz tremer tanto –
não tanto assim
quanto fazia
naquelas angustiadas
e mornas manhãs
Seu esqueleto à mostra
é o caminho
pelo qual ela andava –
sem curvas sinuosas

Ela está um pouco mais
onde sua vida diz estar –
o lugar no qual as trevas
que toda esquina encerra
e que traz em si um brilho
que nem toda esquina
enterra

XAVIER O CULPADO

Xavier morava no apartamento nove
do nono andar de um prédio
no centro
tinha que ser assim – ele dizia –
número primo ele não aceitaria
pois não há padrão que
o comprove –
nem labirintos ou morros
de periferia

Xavier sabe tudo que já aconteceu
desde o dia em que nasceu
tem biografias arquivadas
de todas suas ex-namoradas

Xavier geralmente gostava
de tudo adoçado artificialmente;
assim ele saberia exatamente
as porcentagens das quantidades
de açúcar no sangue e na mente

Xavier achava mais que
conveniente
adotar todo tipo de
aperfeiçoamento
procurava incessantemente
aquele que o ensinasse
a encaixotar
os seus mais profundos sentidos –
sobretudo os que ele não sabia nomear

Xavier um dia acordou e se olhou
no espelho
assustado, voltou para a cama todo
vermelho
ele estava com um olho azul e
outro castanho
vai ficar tudo bem, é só
um pesadelo, ele disse
reconhecendo o desespero
Perda de transparência
do cristalino
estava escrito no laudo médico
não dá para ver como agora sua íris dilata –

Xavier tinha adquirido catarata
Sem saber a causa da doença
Xavier adquiriu outras e então morreu
de causas completamente
desconhecidas
nunca notícia assim havia
saído na imprensa
nem alguém havia sido
assim diagnosticado
sua ficha trazia
bem grande a sentença:
aqui jaz para sempre o culpado

O HOMEM QUE MORREU

Na provinciana casa
migalhas e restos de comida
sobre a mesa acumulados
sobraram da alma que fugiu da vida
daquele que não podia ser dois:
um que de manhã boceja
amarelado
e um que à noite não tem nada
de delicado

Cegado pela noite estrelada
e por seu fim precipitado
ele esqueceu a luz acesa –
nem isso porém fez ir embora
de sua casa o aspecto de
abandonado

Em cada porta havia
cravado um machado –
nauseado, na madeira ele treinava
o golpe que faria de seu peito
um órgão definitivamente
arrebentado

Na cama, a marca de um sujeito
que pelo ar acorrentado
nele imerso, saiu correndo
para não mais encontrar leito
Se desse pra ver o ar –

sua densidade tremia
assim como o gemido
que sua cama fazia
quando nela ele caía
em cansaço embebido –
o ar retinha seu peso, pois
sem demoras, dele ele corria

Deixo as dúvidas para depois
e mesmo sem ninguém
a me receber
digo *quero entrar sim* –
com passos envolvidos em mistério
levo um susto em cada um
eles me guiam pela estranha casa –
me lembro daquela camisa!
apesar de com ela nada ter em comum;
ali no canto – aquele sapato era meu –
por mais que seja imprecisa
toda e qualquer pista indica
que o homem que morreu
em nada diferia de mim –
enquanto ele era eu
eu não me despedia tanto assim

Blusa pendurada
no pescoço
e calça xadrez puída –
Teresa lê
e relê
o nome de seus pais
no xerox autenticado
do seu documento de identidade

Vai fazer calor
dizia ela
com ar de frustração
e medo da tosse seca
que ele iria trazer

SENHORA DE SOBRETUDO

Uma senhora de sobretudo verde
passou duas vezes
hoje na rua –
eu a vi duas vezes na rua
ou minha lembrança
a viu duas vezes na rua
ou talvez – realmente
uma senhora de sobretudo verde
tenha passado duas vezes na rua

A MULHER DE MALHA

O ônibus vira esquinas –
para corretamente em faróis
vermelhos –
Senhora Disa tem em seu colo uma saco-
la de papel pardo
e uma bolsa feita
de cadeira de praia

Em sua mão
um pequeno espelho rosa de
5 por 2 cm
choca-se com diamantes falsos
de anéis dispostos em todos
seus enrugados dedos –
que brilham um esmalte
marrom furta-cor –
ela passa pó de arroz
em seu rosto já maquiado

Ela passa continuamente
por todas as protuberâncias
de seu rosto cansado –
sombreado por um
chapéu de malha

A esponja com pó de arroz
passeia por seus olhos opacos
que passeavam por todos os
cantos do espelho –
mirando-o como um revólver

acompanhando a camada
de pó em seu rosto crescer

Ela não se cansa nunca
de passar a esponja
com um suposto pó de arroz
em seu macilento rosto –
sendo tecido minuto a minuto

Como se seu rosto fosse
um papel não aderente –
suas teimosas curvas não
aceitam ficar em branco –
eram curvas de uma cidade
que o motorista do ônibus
não aceitava virar

Num gesto infinito
sua mão enrugada não hesita
em passar infinita e
violentamente
camadas de pó de arroz
em seu rosto inalcançável

Senhora Disa se prepara
para um encontro com
o invisível destino
e por isso ela assassina
com um sonho comum –
uma sacola de segredos
e um espelho rosa
qualquer centímetro de pele
imaculada

NOSSA SENHORA DAS FLORES

Homenagem a Jean Genet

Uma vez, ela corria
também corriam
outras iguais a ela –
elas não se encontravam
apesar de compartilhar
as mesmas pernas –
elas não corriam
atrás de alguém
mas sim de algo
– um esconderijo –
ela demorava muito
e corria em círculos
porque ela não sabia
que não havia esconderijo
maior do que aquele
em que ela se escondia

Quando ela corre assim
não começa o dia
nem noite acaba
são dias febris e deles sobra
um forte rastro de
aspirador de pó
que suga a alma dela –
a transforma num vermelho
não exatamente colorido
mas claríssimo –

sua alma fica bem melhor de vermelho
e muito mais quando não está
dentro de mim

Na esperança de abrir
hipnóticos e pequeninos
esconderijos
ela encontra molhos de chaves
nas calçadas e
os pendura em sua blusa (sua blusa
feita de cílios (vai desmanchar

Na esperança de achar
o caminho de volta para casa –
aquela que vai construir
com as folhas de revistas que juntou –
ela escreve os nomes das ruas
num papel marrom

Na esperança de sentir cheiros
diferentes dos da própria urina –
do formol com que lavou seus cabelos há
três manhãs –
da tinta na qual se sujou e fez sua pele
encrespar –
ela continua a correr
afinal cheiros nunca ficam
bem guardados em prisões

Na esperança de tatear peles de camurça
com as mãos, ela se guia pelas paredes
tatuadas por palavras gravadas por ado-
lescentes
e drogados que não tinham nada na mão
além de garrafas de bebida,
molho de chaves
e alguma esperança

Mesmo que a esperança
esteja tão gasta como suas unhas –
Ela precisa de um lugar
para saber o que é dentro e fora
Ela precisa de pintura
para saber o que é real e
fantasia
Ela precisa de uma porta
para abrir e se trancar para fora
Ela precisa da mentira   (deslavada e
para lhe dizer   (enganosa
que a porta é   (dissimuladamente
e pode ser sempre   (maravilhosa
aberta

FURACÃO

Ela abre a porta –
põe o pé na rua;
cresce um vento
inexistente dentro de casa;
seus cabelos balançam
suas ideias balançam –
suas pernas,
inclusive,
balançam.
Ela se esforça
para manter os olhos abertos –
a vontade é fechá-los:
o vento vem apressado.

Ela poderia andar
se os fechar?
ela os fecha –
e então vê –
o vento sólido –
e púrpura –
nuvens
como ondas –
provocam-se;
O tempo fecha –
– nasce
o rugir de um furacão –
folhas caídas,
cartas antigas
e jornais
não lidos

levantam-se –
ameaçam o ar soberano

As árvores
marulham –
não caem;
O furacão que
mora em seus olhos
chama gotas de chuva
que caem lentas
e perturbam sua cabeça –
ela abre os olhos –
e vê a atmosfera
ruidosamente
amarela
contrariando
o cinza do furacão –
o sol acabou de nascer.

Não há mais ninguém
além dela
para atravessar
a porta,
a rua,
o furacão –
só há ela

ALUCINAÇÃO

Ela vê o ar falante
entre as folhas das árvores
darem licença para
ele passar –
e deixe soar sua voz

Ele passa entre as folhas ou
entre seus olhos?
Ela não sabe mais
o que se encontra entre seus olhos
foi abandonada pela razão

A visão viciada das árvores –
para sempre balançando –
encontram equilíbrio crepitante
em cima dum fogo invisível –
procurando um par de olhos que
perderam –
foi parar nela –
por algum engano

Sua cabeça pede silêncio
ou é ponta da sedutora folha que
fala demais –
ela não sabe mais –
se o chão em que pisa
está abaixo de seus pés

Gotas de chuva –
reuniões de fragmentos perdidos ao longo
da rua –
a chuva está do avesso –
assim como ela –
cai para ver se consegue se levantar

De tanto cair –
perdeu pedaços brilhantes –
do brilho de seus olhos
ou de seu batom –
mesmo que reluzam
não irão salvá-la de quem ela é

Alucinação é uma mulher
que anda insistentemente na rua –
e ao ver cair uma repentina tempestade
esgueira-se embaixo de toldos
de botecos e cabeleireiros
esperando a chuva parar de cair
ao olhar para ela com a testa franzida –
Alucinação não quer ser pega pela chuva –
nem por mim

5

ESTANCADA

Numa mão
goiva;
na outra,
luva
que protege;
nos olhos
óculos,
também,
de proteção

Todos os procedimentos estão
devidamente corretos –
eles só não podem
me proteger
da tarefa
de fazer:
a mais perigosa

Sai uma lasca
– saem muitas –
só não sai
– ainda –
a tirânica –
a que fará
a escultura
respirar
todo meu ar

Olho se move
entre escultura
e modelo
– mentira –
olho só se move

se você se mover –
entre infância
morte
e o mundo inteiro

Não sei para que fui nascer
se não sei fazer
coisa alguma
que não exija
algum tipo de fazer
penso com as mãos –
meus membros são
soldados estrangeiros

Uma lasca sai
a outra não
vai
a goiva vacila
ou sou eu?

O que me garante
que a lasca saiu?
é alguma veia
que belisca meu braço
por dentro
o pulso treme
a chancela da lasca
só levanta
se sair sangue
se mexer
antepassados
jarros
e poros;
se meu sangue parar
de correr só em mim
e passar para ela

e dela
(um pouco de tudo)
es-
correr
Poderia eu te deter
se só o que tens a fazer
– assim como eu –
é escapar-me de mim?

E todo o abandono
de minha vida
– de muitas outras
que não sei
se eram minhas –
materializou-se –
não somente ali
mas ali
pude olhar
em seus olhos
– vazados –
e ver que ele
– o abandono –
tomou o meu lugar
ameaçando
– além de mim –
qualquer definição
de dicionário.
Seus olhos –
por serem
vazados –
repletos de
abandono
não mais
vazavam;

Sua boca

por ser
um túnel –
não mais profere
o suspirar
de qualquer dor
mas cumpre
o eterno falar
comprometido
com o silêncio:
a dor em
estado de
efervescência

Sem lascas
para contar
como suas,
posso ver
a escultura
de lacunas
e crateras
enfim
andar sozinha:
ela não existe

(ela veio
(quando
(ela chegou?
(estanque
(estancadas
(estampadas
(escapada

ESTADOS DE AMOR E CONFIANÇA

Série baleia nº 6, Rubens Espírito Santo, 5.dez.17
17 x 8,5 x 6,5 cm
Osso de Baleia, retificadeira makita, lixas/ serras desbastadoras/ brocas de micro retífica, espátula de plástico vermelha e maçarico. Fotografia de Rafael Chvaicer e Ana Viotti.
Coleção Gabi Celan

And the barrel shakes aimed directly at my head
Oh, help me, help me from myself
State of Love and trust, Pearl Jam

São duas da tarde –
com ferramentas de todos os tipos
ele senta para esculpir

São duas da tarde –
ele está sentado esculpindo –
eu não sei onde ele está

São duas da tarde –
o sol já escureceu
eu estou descalça
na região mais inóspita
e sedutora –
uma floresta cuja entrada
tem placas que dizem *não entre*

Enquanto ele intervém
na escultura
com ferramentas
que liberam seu caminho
que destroçam suas partes –
delicadeza violenta
meus pés apalpam esse chão
estranho
tropeçam em pedras que
não rolam
se enganam em buracos que
não me engolem –
cada pedra e buraco
quando eu olho pra baixo –
são bolotas de algodão –
que região é essa tão difícil
de entrar mas que com um tapa
desmorona?
Mesmo parecendo obstáculos
me fazem andar mais –
não dá pra me manter em pé

em cima de tantas bolotas de algodão
sem afundar um pouquinho
Suas mãos soltam o volante
de um sacrifício que crispa os punhos
Minhas mãos cheiram mal
elas esculpem os estados
– estados de amor e confiança –
do mapa da região em que nasci
e por algum motivo abandonei
eu achava que era proibido
continuar lá
mas agora percebo que nunca saí –
a escultura pedagógica
diz que é assim mesmo
não tem como se enganar –
quando eu percebo
que quase caí
vejo que seu dedo tem cortes
cortes profundos que
não dá pra ver
e vejo que minha luva
também foi cortada –
estou sem proteção
indefesa
no território que nasço
sempre que te vejo
e vejo que não conheço
o descabido em mim
anda na floresta escura para
encontrar um menino de cílios brancos –
– quando ele fecha os olhos
o sol do seu olhar desce

e tudo escurece até pra mim –
a luz se aprisionou em você –
me olhe – e me ilumine –
vou beijá-lo pela primeira vez
meu corpo está formigando
já não percebo
nenhum galho me cortando
as árvores deram trégua –
e eu também –
me entrego
ao suor
ao molhado árido que é
não saber se ele vai gostar de mim me enco-
lho numa boca estranha
que engole toda minha saliva –
preciso beber muita água
e voltar não sei para onde –
o lugar que nasci
é onde estou ainda –
eu não saí do lugar
mesmo assim fui beijada –
não ouvi o que me disseram –
era pra eu fazer a lição de casa –
transar é uma palavra forte –
ainda mais quando se está
sozinha:
perdi a virgindade sentada numa cadeira

Sem seus braços escultores
eu não conseguiria carregar
a densidade que é ser beijada
às duas da tarde

quando o sol já se pôs
e voltou depois
pois seu horário de se pôr
é às seis da tarde –
o sol cambiou para tantos lugares
rapidinho – nos olhos iluminados dele
e também numa escultura escura –
a coisa mais proibida que já vi –
se meus pais soubessem
falariam que eu não poderia ficar –
se os vizinhos viessem
com certeza iriam me julgar –
a polícia não iria gostar –
você instaura uma noite
dentro do dia

CONTRATO SOLAR

De cabeça pra baixo –
raízes no céu;
galhos –
sedentas raízes –
procuram nuvens
para agarrarem;

Assim, porém
é insustentável.

(faz do céu fundação

Tentou se fixar na Terra
mas não achou
terra sólida
como o céu

(ela pesa –
(como o resto

As árvores
na frente da tela –
se fecho os olhos
– ou as mãos em
seus galhos magros –
elas vêm?

Se colocares
árvore púrpura
na minha retina
ela se fixaria
num céu
de carne:
Ficção

(que fino véu
(se põe entre mim e céu

Se colocares
árvore atrás,
mal contida ela seria
em seu tronco;
bela demais
para deixar
somente atrás –
mas à frente
de qualquer noção
de Fiabilidade

A ilusão atrás
da qual ela corre
não é a de tentar ser
árvore púrpura –
mas a de transformar
árvore púrpura
em pintura –
não aceita ser chamada
apenas púrpura –
mas viva –
como se dela
não escorresse
tinta –
mas seiva:

As marcas no chão
são dela
ela quer não aceitar
para se fixar –
mas não no chão

Prepara a navalha –
apara a vida –
cabe num quadro;
prepara os pés
e pisa nele
e afunda
e vê
que fundo
não há

A árvore exorcizaria
alma que passasse perto
– Passa!
Esconde-esconde
com o sol –
soul –
Sou nada
Perto de mim

Montanha não
perde – tempo – para
devorar paisagem
– por um triz
se sobrepõe –
se põe também
no compromisso
– do triz –   (nesse jogo não
e sê devorado;   (há diferente verbo

Pés acima da cabeça
toda vez que se deitar:
a árvore pede:

sê como ela.
Talvez ninguém perceba
mas nada engana
o sol do meio dia
que vem assombrar
qualquer noite:
Responsabilidade –
Um sutil contrato
floresceu.

ESCULTURA SEM FACE

Palavras
fazem escultura –
cada palavra
é lâmina – faca;

Esculpem formas
que não existem
fora de suas casas –
uma conversa –
um espaço –
circunscrito –
por você
e eu

Formas
sem cor
vão vir
como luzes –
iluminar
a noite

Como a forma
esculpida de
uma montanha –
o que dela caiu
abriu a boca de um rio

Ou a forma vacilante
da asa de uma borboleta –

temporária casa –
eternidade aderida
à crepitante asa:
escultura sem idade

Facadas no ar
esculpem
o que (nos) escolher –
entre elas
eu via seus olhos
sorrindo

O chão farto
de pó –
caiu do espírito
que cortamos
com as palavras
que (ainda não) falamos

Escultura sem face
não tem direito de saber
se é bela –
ao menos
sabe que de
tempos em tempos
coisa como ela
enfim nasce

DESENHO

Em seu travesseiro erguido de branco
ali jazia – mais vivo que o meu –
um rosto cuja largura era toda aquela –
não necessariamente a que ela queria
mas a que eu procurava

Ao rejeitar pálido semblante,
escolhia as cores azul e magenta –
escolhia não viver num mundo
cujo adjetivo mais preciso era
desinteressante.

Os que a viam não podiam supor:
ela era mais que um magro rosto
ela era um com tudo isso
ela fora arrancada não de seus sentidos
mas de uma boca feita de outras cem
cuja fala é tão carnal quanto uma maçã
podre –
exceto pelo negro fato
de que não era permitido
ter maçã que fosse podre –
em casa, nenhuma jamais entrou
mas, através de um travesseiro feito
de papel
ela poderia sonhar até deixar de sonhar –
ela é mais que um reflexo –
ela reflete o que está fora
de seu alcance –
de madrugada, ao sustentar as horas que

eu não podia mais
ela abre as opulentas mãos
para a graça se dar no meu silêncio
a se impor mais do que a brilhante e
estática televisão ligada
sua figura incessante
se desloca de seu imóvel
quadrante –
apaziguando meu frio –
aparece sob a fumaça de cigarro
e na minha falta de palavras
ela diz que o horizonte mudou de lugar –
agora é vertical –
agora fitá-lo prescinde nele cair ou subir:
andar de ponta cabeça –
ajuda-me a largar o enfado
e a enxergar com
os olhos revirados

O CAVALO AZUL

Aqui estou
flutuando
numa cama azul –
estou mesmo aqui?
onde está a cama
não há muita coisa
além de mim

Tento me ver sobre ela –
mas ela não é tão azul
quanto pensei que fosse –
quanto o céu me diz ser –
quanto a parede
que ofusca meus olhos
tingindo todo o resto de azul –
inclusive meus próprios olhos –
na verdade passo a ter
mais olhos azuis
do que a cama é azul

Resisto a essa ideia –
meus olhos sempre foram
castanhos –
mas agora –
num átimo de tempo
são inegavelmente azuis –
resistir é perda de tempo –
é perder-se no cansaço –
de todas as cores
que me devorariam

se não fossem tão azuis –
é demitir a vida de seu cargo
de ser tão completamente
incompleta –
num segundo aceita o nome azul
no outro já não sei

Ela quer que eu aprenda a vê-la
sob o nome que escolheu
para se camuflar –
é impossível não fazê-lo –
é quase como se eu estivesse
sentada ao lado de um cavalo azul –

Se eu não o fizer não estarei negando-o –
nada teria força o suficiente para negar
a existência de um cavalo azul –
mas estarei negando
a mim própria
como possuidora de olhos azuis
que veem temporária e
divinamente
um poderoso cavalo também azul
que está aqui desde o começo

Suas patas desproporcionais
Ajudam-no a não tropeçar
nas minhas mal formuladas
palavras
tão desproporcionais à sua
própria sombra
elas se avolumam no quarto –

desnivelando o chão –
misturando-se à toda sujeira
encravada em meus sapatos
que não limpei quando voltei
do mercado e comprei
enlatados e açúcar
para dar de comer
ao cavalo azul

Passei um tempo contemplando
o cavalo que se tornava mais
próximo de mim
e que ficava dourado
com os raios de sol
levantando-se
construindo a manhã –
depois de alguma imobilidade
me pergunto porém
em meio a toda essa bagunça
feita de palavras de cavalos
e cores que já não sei mais distinguir
como hei de alimentá-lo –
se sou tão jovem
e tão ansiosa
e tenho tantos sapatos sujos
e tenho tanta falta de comida
como vou alimentar um cavalo
parrudo e faminto que some
toda vez que meus olhos
desistem de ser azuis?

LEMNISCATA

Uma ave –
privada de cantar –
quer outra coisa?
não se sabe –
esse tipo de pergunta
não se faz

E esse tipo de canto
– privado de ser cantado –
se faz?
Aliás
só é privado
de ser ouvido
se não souberes
que não há
nada mais
a se ouvir

—

Abre a porta –
há corredores inúmeros?
há ternos?
há passos?
há sombras –
ou luzes
– inutilmente –
acesas?
há sobras de comidas
nos pratos?
há alguém

dentro de você –
abre a porta –
? –

Sem espaço
ele não ouve
nem canta –
som algum
se propaga
sem (no) espaço

___

Nele – quando
o pôr do sol
não funcionou
– ou não brotou
o malmequer –
nem assim
houve intemperança:
um lado ofuscou,
o outro lado,
ele mesmo,
se desenhou –
e assim, da falta
de tudo que
não funcionava,
se fez um homem
de vários lados
– e mais ainda
por fazer

Se abro uma porta –
mesmo para dentro –
ela dá num caminho –
no qual posso afundar –
ou então aprofundar;

Tem uma parede –
– várias –
tem terra –
está a palmos do chão –
e a palmos do céu –
é difícil respirar
aqui embaixo –
lá em cima também,
ainda mais
sem saída
lá –
achei uma! –
ela se ramifica –
me perco –
não sei direito
qual pode dar para a saída –
pergunta idiota –
a saída é
o caminho –
e não aquela
depois do(r)
m_achado –
– o meu – ?
caminho só é caminho aberto a machado

Feito isso,
respiro – e sufoco –
em vários lugares –
bato a testa no teto –
raso
cada vez mais –

Há uma pequena porta –
eu não tinha visto –
bem debaixo do meu pé –
ela é menor que eu –
eu aaaiiiinnnnnnnddddddddddaa-
aaaaa tttttteeeeeeeeeeeennnnnnn-
nhhhhhhhooooooooooo
m u i t a s i d e i a s s o b r e t u d o
m u i t o p a s s a d o m u i t o f u t u r o t a
n t o s q u e me i   n   c   h
a   m
impedem de ver
qualquer saída

Logo eu vou ser
menor que ela
– a pequena porta –
e menor que eu –
e vou caber dentro de

mim.

A MARIPOSA DAS ONZE HORAS

Faz horas –
há uma mariposa preta na parede
a envergadura de suas asas
mede aproximadamente 13 cm
sua atmosfera é hipnotizante

Não sei se ela vive em sua infância
ou em sua maturidade –
não sei se ela procura espíritos
ou apenas cantos de paredes
para escutá-los melhor

Suas asas têm muitas cores negras,
mas todas são ocre –
é um mosaico
feito de pedaços de carne –
carne de pessoas –
as asas da mariposa das onze horas
foram feitas de todas as pessoas
que se assustaram o suficiente
quando a viram –
e assim ela construiu seu corpo –
de suspiros de medo
que ela recebia

Ela não gostava de ver apenas
das pessoas seu horror –
enquanto elas não a conheciam
e por isso a temiam –

ela conhecia tudo delas
Por vingança então
ela lhes roubava pedaços
não só de carne –
um pouco da bochecha –
às vezes da língua –
eram sua ração

Hoje quando passo
por um corredor
e ouço um estalar de língua
me lembro do fantasma
da mariposa
não duvido que ela esteja ali
afundando a cabeça de alguém nos ombros
pela complexidade do terror que ela tem –
– sem boca,
sua voz é condenada –
de fazer com que
um homem a ouça
e, com a língua rasgada
com a cabeça afundada
se reencontre dentro
de si mesmo
e não perca absolutamente o equilíbrio
mesmo com o corpo vergado para o mal:
as palavras de mistério
proferidas
pelo bater das asas da mariposa

VAREJEIRA

No funcionamento do seu ser
há uma interna disfunção
para a qual não há cura –
mas que a cura
ao passo que ela a cumpre –
ao passo que ela a tira –
de um compasso qualquer –
daqueles extremamente insípidos

Presença surda de quem
sem usar a asa –
atravessa a rua – e vai
ao que tem nômade casa –
ao que não se aposenta –
ao tropeço de todo norte –
ao que açambarca a diária morte
e seus ninhos de decepção –
ao que me tenta à vida –
ao eterno minuto –
que como ladrão –
inadvertidamente entra

E – de novo –
ao pôr seu ovo
ela – secreta –
a pura secreção
que pinga da colher –
molhando os vestidos
de seu armário
brilhante e mofado –

transborda o que
não há na panela –
e que como tudo no verão
desajusta do corpo dela:
ela limpou o avental
o quanto pôde

Sou mesmo igual a qualquer um
que olha para os dois lados
ao atravessar a rua?
sinto o mesmo medo –
sinto mesmo o medo? –
se ele for de verdade
que um clarão (bombeiro
de farol aceso (não impede
venha em minha direção (o fogo
a cada gaveta (de uma
que eu abrir (fala
e enlouqueça todo o grau
de miopia espiritual –
e que o secreto tenha sua cabeça
não mais emoldurada
pelos meus caprichos
de desatenção
sem saber renunciar –
estive no topo do formigueiro –
de lá não saí –
sem comer –
sem avisar –
exposta –
a explosão anteposta –
posta à mesa –

antes de mim –
sem comprar mistura –
a varejeira cortou a última
cabeça de couve –
e se olhou no espelho –
e viu em meu rosto:
a janta tá pronta

GALINHEIRO

Será difícil ouvir a oblíqua voz
da poesia,
porque ela vem de um momento
muito distante do teu,
e que por isso, não fora inda
consumado:
o de agora.

Estás sempre pontualmente
adiantado
ou nostalgicamente atrasado –
estás sempre em algum lugar
que pode ser
muito bem vulgarmente
denominado.

Por isso, não aceitas
a incompletude do agora,
onde tudo é perfeitamente
inacabado, e, além disso,
perfeitamente solitário.
Por ele ser tão pequeno assim –
anda com pezinhos de alfinetes –
– impossíveis de deixar pegadas –
comunica-se com os seres
mais inimagináveis
e pisa em terras mais exóticas possíveis

Mesmo ele estando na tua frente
sobriamente acocorado
com as costas eretas –
tu olhas de soslaio e achas que é
uma manchinha escura que some
assim que pegas o álcool para limpar –
acocorado de novo, o agora
embebeda-se na água
do copo que acabou
de cair da tua mão –
ainda assim não ousaste olhar
mesmo para ele

Quando não aceitas que tua solidão te
acompanhe,
contenta-te com ilusões e com
a rainha de todas elas –
a ideia de que podes ser também,
uma ilusão
e tentas em vão
transformar-te nela
sem que possas criar –
em vez de abandonar –
tua solidão –
e então, com reverência
e admiração,
criar um indiferente galinheiro –
nem que seja para matar
todas as galinhas.

Andei na rua e vi
muitas solidões
transformadas em ilusões
de vitória alada que, sedutoras
a tudo recusam e por isso são nada! –
perdidas nas faixas
de pedestres,
olhando de um lado pro outro
sem saber pra qual lado seguir.

Quem sabe,
aquele que cria ilusões devia
por elas velar
em seus mais inevitáveis
e insossos
estados de perdição –
e o que quer que esteja
coagulado
no íntimo segredo da ficção
parece muito mais distante
da ilusão
do que da galinha criada
para o abate
ao passo que finda não só a tarde
mas também a luz do sol
quente que parte

POSFÁCIO

por Levi Ferrero

O COPO QUE ACABOU DE CAIR DA SUA MÃO

Sobre o poema *Galinheiro*

Às vezes perambulamos por muitas páginas até achar um poema que nos diga algo que já sabemos, mas que, por sua provocação modulada, nos força a aprender algo a mais da densidade do agora. Essa palavra que tem sido apropriada tantas vezes e que nunca é palpável como deveria, retorna sempre em poemas de tom emergencial, como é o caso de *Galinheiro*.

Sempre estamos buscando nas coisas um sinal que possa nos consolar de nossa indiferença pelos detalhes que nascem em cada canto. O mundo pululante de beleza nos tem cativo e nos esgota todas as energias, até que depois das lágrimas deitamos inertes para sucumbir, nem que seja por uma noite. Buscamos um texto para confirmar nossa posição perceptiva frente ao mundo; que o acaso nos coloque então na mão um texto que traga a atitude de escrever no seio da vontade de comunicar o agora. Se esse for o encontro significativo em um dia indiferente, sorte a nossa.

Mas esses poemas que nos falam da emergência da comunicação com o agora são emitidos e lançados como orações do deserto. Eles não chegam até você a não ser pelo processo aleatório dos clamores de quem escreve na mais devastada solidão. Uma oração é ouvida, mesmo que o mundo todo não ouça. Esta é a contradição do processo todo. Sabemos da oração emitida pelo agora – sabemos que clamores surgem no desértico da nossa vida – mas não lhe damos ouvido, mesmo tendo nas mãos a delicadeza do poeta que foi do céu ao inferno e retorna com os olhos turvos para nos doar um minuto de sua dor transfigurada nas palavras. Como ficamos decepcionados quando ao ler um texto, o que vemos nele é algo para o qual ainda não estamos preparados; não é por acaso que tudo o que mais agrada tem a doçura do comum, e na ingenuidade de se sentir menor que a mensagem, tratamos o poema como uma voz opressora da qual tentamos nos esquecer logo em seguida. Mas o poema *Galinheiro* faz a provocação logo no primeiro verso,

Será difícil ouvir a oblíqua voz da poesia,
porque ela vem de um momento
muito distante do teu,

dizendo que já preexiste uma difícil escuta da voz oblíqua da poesia, sendo o oblíquo a maneira que a oração-flecha do deserto sobe ao ar. E no oblíquo dessa voz, ainda aguardamos o nosso momento, não de compreensão do poema, mas da postura de estar diante do poético, na imagem instantânea de um copo que se quebra na sua frente.

o agora
embebeda-se na água
do copo que acabou de cair da tua mão –
ainda assim não ousaste olhar mesmo para ele...

O problema não é puramente textual quando a voz da poesia está em marcha. É a atitude perante o ínfimo sobre a mesa, ou o grandioso em alto mar que agita a membrana do sentido. Sem a expectativa de maravilhar-se, temos apenas o texto. E quantos e quantos textos foram lidos apenas enquanto texto, meros documentos de arquivo e abandono. Quantas páginas viradas na intenção de terminar o livro e pular para um próximo desejando apenas somar, ao invés de tornar tudo diagrama. E lendo ainda o *Galinheiro* pela quinta vez, a provocação inicial passa arrastando os cantos do poema, porque este é um poema de "canto", onde o verso quebra para jogá-lo um degrau acima na sua reflexão sobre o ato ascético de ouvir a voz da poesia. Triste condição inicial de saber que o oblíquo da voz poética anda em descompasso com nosso momento. Sabendo que a poesia vem de um momento diferente do seu, nenhuma atitude que não a humildade poderá ajudá-lo. Humildade perante a vastidão da experiência silenciosa a qual sua alma ainda se move em um novelo de preguiça. Ao longo dos anos é fácil perder a vontade de ouvir, porque é mais fácil saber nomes, conceitos, datas de publicação, anedotas de autores, e isto se torna um jogo, uma espécie de dinâmica de coleta em que falseamos o essencial por desrespeito velado.

No fim do dia, o leitor que se preze, aquele que coloca a cabeça no travesseiro e sabe que o dia seguinte será a continuação do poema que ele não consegue ainda ouvir, não consegue parar de pensar no descompasso do momento entre a oração do deserto lançada e a escuta real do poema. A zona de sombra pode se tornar uma vida onde nunca ouviríamos o oblíquo que nos clama. Nossa habilidade em silenciar a inspiração é sempre prodigiosa.

Andei na rua e vi muitas solidões
transformadas em ilusões
de vitória alada que, sedutoras
a tudo recusam e por isso são nada! –
perdidas nas faixas de pedestres,
olhando de um lado pro outro
sem saber pra qual lado seguir.

Para o leitor que não está para as preces,

resta a inanição da sua vontade, que é a pior coisa a se perder em termos de arte, tanto em sua produção quanto em descida no poema. Até certa altura da vida, vemos os poemas como uma mensagem meio extravagante, meio distante da realidade de uma vida corrida e apressada, como um objeto escolar inútil para a vida do homem prático. Lemos estes poemas como uma espécie de distração da nossa condição de pequenez. Ler um poema como fato de cultura, como tentativa de ficar mais "inteligente" é a mais fácil das leituras, aquela que se mensura, só que a inteligência vem tarde demais.

Sobre a entrada no poema, acredito que a melhor é aquela em que acreditamo-nos dentro do texto, como se entra em uma casa de inverno, assim como os poemas de Rilke nos são convidativos, um lugar de abrigo, e mesmo na constatação triste do primeiro verso de *Galinheiro* ainda queremos habitar no poema, assim como em *A canção de amor de J. Alfred Prufrock* de T.S. Eliot, a neblina amarela e as ruas vazias são aconchegantes a seu modo, porque pelo menos estamos lá dentro do poema. Durante nossa leitura, parece que estamos mais próximos do agora. E essa fala que o poema inicia, levando o leitor na vertigem vertical de cada quebra de verso, no *enjambement* tortuoso da sintaxe, expande uma noção de clamor. A voz do poema clama pela presentificação do agora de quem o lê, e encurralados olhamos para os lados para não nos depararmos com as calçadas vazias. Dentro do poema, ainda podemos flertar com a ideia de que estamos no agora, o texto sendo este portal de angústia, este estertor de vontade. Ficamos quietos a cada verso, esperando que um milagre nos afaste a insegurança na vida, que alguma vitalidade nos tome por completo e diga o sublime daqui por diante. Talvez a descrença na voz da poesia — e por isso ela ande oblíqua a correr por lugares onde seríamos felizes — é o fato de que adiantados em relação ao agora, querendo dele apenas a alegria e não as agruras, rodopiamos e caímos na outra plataforma: a nostalgia. *Galinheiro* é um poema de encurralamento, como disse a autora em uma correspondência: *...parece que tem uma coisa que me puxa pra dentro dele e se eu não ficar muito quietinha ele vai me pegar. É bem absurdo saber disso!*, um texto em que não podemos sair para outro sem a culpa de nossa leitura precária ginasiana. Caso o poema *Galinheiro* figure em alguma antologia, ele não poderia vir em outra posição que não a primeira página.

sempre pontualmente adiantado
ou nostalgicamente atrasado –

estás sempre em algum lugar
que pode ser muito bem vulgarmente denominado.
Por isso, não aceitas a incompletude do agora,
onde tudo é perfeitamente inacabado,
e, além disso, perfeitamente solitário.

E o leitor segue pontualmente adiantado, nostalgicamente atrasado e vulgarmente denominado tentando respirar dentro dos versos. Está aqui a tríade de acuamento do poema todo. Qualquer movimento que não seja impulsionado sobre o agora se reduz à ansiedade em relação ao real, em nostalgia ou simplismo. Querendo a completude do agora, passamos a nos comportar com fraqueza, querendo todas as faces do objeto e sua transcendência sem nos darmos ao esforço e a certeza fenomenológica de que o objeto apenas se apresenta parcialmente. No fim, *Galinheiro* é um poema de sanidade, razão, coragem, tudo o que convoca para uma saída da inércia. É um poema que abre uma pequena janela para a entrada da beleza, mas uma beleza que exige uma postura presentificadora do ato de contemplação. É um poema para a consciência de outros poemas. O copo que cai das suas mãos "tem mais metafísica que aquelas árvores".

Levi Ferrero

NOTAS EXPLICATIVAS SOBRE ALGUNS POEMAS

Os seguintes poemas foram concebidos como relatórios das *Aulas de Segunda* de Rubens Espírito Santo no Atelier do Centro:

Lemniscata
p. 116, escrito em 20.dez.17

Estancada
p. 96, escrito em 27.nov.17 a partir da escultura de Rubens Espírito Santo do dia 24.nov.17

Todos os dias: para o Mestre
p. 22, escrito em 04.dez.17

Não tanto quanto
p. 30, escrito em 18.dez.17

Verde musgo
p. 33, escrito em 15.jan.18

Coqueolina
p. 72, escrito em 29.jan.18

Os seguintes poemas foram concebidos como relatórios do *Curso do Méthodo* por Anna Israel:

Ausência
p. 19, após visita à *Sala dos cadernos de RES* na Coleção Anna Israel, escrito em 18.jan.17

Galinheiro
p. 125, escrito em 25.jan.18

Isidoro e o Submarino ultramar
p. 66, escrito em 15.mar.18

Desenho
p. 111, escrito em 19.abr.18

Os seguintes poemas foram concebidos como relatórios do curso *Conversas sobre pintura com o pensador de Arte Rubens Espírito Santo*:

Contrato Solar
p. 105, escrito em 29.nov.2017

Nossa Senhora das Flores
p. 88, escrito em 21.dez.2017

Dados Internacionais de Catalogação na Publicação (CIP)
(Câmara Brasileira do Livro, SP, Brasil)

Silva, Caroline Costa e
War / Caroline Costa e Silva. -- 1. ed. --
São Paulo: Laranja Original, 2020.

ISBN 978-65-86042-08-5

20-41468 CDD-B869.1

Índices para catálogo sistemático:
1. Poesia: Literatura brasileira B869.1

Maria Alice Ferreira - Bibliotecária - CRB - 8/7964

Laranja Original Editora e Produtora Eireli
Rua Capote Valente 1198
05409-003 São Paulo SP
Tel 11-3062-3040
contato@laranjaoriginal.com.br
www.laranjaoriginal.com.br

EDITOR
Filipe Moreau

PROJETO GRÁFICO E DIAGRAMAÇÃO
Caroline Costa e Silva

CAPA
Rubens Espírito Santo

PRODUÇÃO EXECUTIVA
Gabriel Mayor

IMAGENS

P. 100 – *Série baleia nº 6*, Rubens Espírito Santo, 5.dez.17. Fotografia de Rafael Chvaicer e Ana Viotti. Coleção Gabi Celan

Texto revisado segundo o Novo Acordo Ortográfico da Língua Portuguesa

FONTES Lulo Clean e Kohinoor Bangla
Papel Pólen Bold $90g/m^2$
IMPRESSÃO Gráfica Forma Certa
TIRAGEM 150